옥수수 까던 그 밤

옥수수 까던 그 밤

권명은 지음

좋은땅

시인의 말

오랜 시간 시가 좋아
시 언저리를 배회했습니다.

누군가의 가슴에 머물
시다운 시는 그리지도 못한 채
바보같이 시가 좋아 쓰고 또 쓰고…

그래도 가장 중요한 사실은
글 쓰는 순간만은 늘 행복했습니다.

그 행복한 시간의 흔적을 모아
세상 구경을 나서 봅니다.

2025년 초여름
권 명 은

차례

제1부 국수를 삶다

흐드러진 봄	12
파꽃	14
식은 밥	15
문	16
몽당촛불	18
11월	20
꼬리	22
옥수수 까던 그 밤	24
태기산 연가 1	26
태기산 연가 2	27
개나리꽃 지다	28
국수를 삶다	29
산이 목욕하다	30
신장개업	32
가을의 맛	34
금이 갔다	36

제2부 **허수아비 사랑**

허수아비 사랑 1	40
허수아비 사랑 2	42
봄바람이 떼를 쓰다	43
엄마와 감자	44
장마 전선	46
슬픈 노래	48
오일장과 아버지	50
꽃시계	53
다랑이 논	54
누룽지	56
바람의 노래	58
설거지	60
아버지	62
텅 빈 외양간	64
하수구	66
묵나물	69
들국화	70

제3부 **지게 그림자**

꽃비	74
칼에 베이다	76
산 노을	78
낙엽 비를 맞으며	80
가을 언저리	82
비가 지다	84
하루를 비우다	86
시루떡	88
봉숭아	90
지게 그림자	92
엄마의 손가락	94
감자 싹을 틔우다	95
자책	96
소심한 그녀	98
안구 건조증	100
북어의 눈물	102

제4부 **뻥이요**

해우소에서	106
작전명 NO.1-개미, 모기, 파리 소탕 작전	108
짜깁기	111
어른 자격증	112
순리(順理)	114
선물	116
봄을 닦다	118
난꽃	120
미안함에	122
간장 종지	124
뻥이요	126
매실 꼭지를 따다가	127
달맞이꽃	128
사랑니 사랑	130
숫자로 된 세상	132
가을에	134

제1부

국수를 삶다

흐드러진 봄

따스하다 못해 따갑기까지 한
봄 햇살에 늘어진 개나리
자꾸 눈길을 잡아끌어
꼼짝없이 한나절 애기꽃 피웠다

창문 너머에 적잖은
흰 꽃등 내건 목련 탓에
환한 바깥 구경하랴
창가를 서성이다 하루를 보냈다

수런수런 달뜨는 이내 맘이
톡톡 터지는 꽃망울처럼
어디로든 터지려 야단이다
꼬맹이 손에 들린 풍선마냥
자꾸 날아오를 기세다

분홍 꽃송이 흐드러지게 휘감아
꽃그늘 만들고 손짓하는 벚꽃 탓에

이 봄!
더 이상 참지 못해
밖으로 나갈밖에
눈부신 봄날을 노래하며
에헤라 어화둥둥
봄꽃에 취할밖에

파꽃

저녁 준비로 바쁜 손길에
잘 다듬어진 대파를 썰다
꼿꼿하게 옹골진 너를 본다

알싸한 향내 풍기며
코끝을 자극해 눈물을 빼고
숭덩숭덩 잘리우는 몸속에
박힌 파꽃 하나

온 봄내 긴 기다림 참아 내며
애쓰다 맺혔을 파꽃

꽃 한번 피우지 못하고 잘리운
허망한 절정의 아픔에
맥없이 떨어지는 눈물방울
어쩔 도리 없는 나
선 채로 울었다

식은 밥

늦은 점심으로 혼자 밥을 먹는다
할 일 없이 무의미한 시간을 보내는
나와 식은 밥이 닮았다

따뜻하게 윤기 흐르던 시간은 사라지고
무언가를 이루겠다는 뜨거운 열정마저
식어 버린 지루한 삶이 차갑게 목을 넘는다

켜 놓은 TV에선 연신 총천연색 세상이
그림처럼 화려하게 스쳐 지난다
내가 먹는 식은 밥은 밍밍하기 짝이 없는 흑백이다
홀로 덩그러니 밀려난 듯한 아웃사이더의
쓸쓸함을 물에 말아 입에 넣는다

생기 잃은 시간, 다시 꿈꾸지 못 하리란
두려움을 어금니에 악물고 다짐한다
식은 밥일지언정 배고픈 한 사람을
온몸으로 달래 줄 수는 있어야겠다고

문

잠그면 잠그는 대로
열면 여는 대로 열려
몸을 내맡겼던 그 문

늘 그랬듯 아무 일 없다는 듯
모두를 안심시켜 유인한 뒤
스스로 문을 잠갔다

싸늘하게 식어 버린 그의 등은
안팎으로 막아서 버려
마음과 마음으로 열렸던 길은
무서운 벽이 되고

어르고 타이르며 애원을 해도
윽박지르고 두드리며 겁을 줘 봐도
쉽사리 드나들어 홀대한 내게
단단히 삐친 냉정한 문

종내는
네가 그럼 그렇지 하는 얼굴로
혼쭐이 난 상처투성이 문이
출입을 허락했다
구멍이 뻥 뚫린 가슴을 열어 보이고야
안으로 잠갔던 그 문이 말을 했다

"넌 아직도, 날 너무 몰라"

몽당촛불

까아만 어둠 속
하얀 몸뚱이 살라
기다랗게 휘두르는 몸짓은
신명 오른 무당의
그 경지

앉은뱅이 책상 위의 造花
반세기를 울어 댄 벽시계
꾸역꾸역 삼켜 내는 어둠 속
그 자리에 그렇게 있건만

잦아드는 생명에의 안타까움은
끝나 버린 굿판을 정리하는
신명 잃은 무당의 손끝마냥
내부에로 잦아들고

더 이상의 어둠일랑 삼키지 못해
조금씩 조금씩 토해 내는 가슴엔

엉겨 붙은 눈물 기둥이
하얗게 솟는다

11월

가을과 겨울의 징검다리런가
찬바람이 서둘러 앞서가면
새로운 계절이 뒤서거니 따른다

마른 낙엽이 쓸려 지나던 거리엔
종종걸음으로 갈 길을 재촉하는
시간이 마음만 바쁘다

낙엽의 군무로 떠나는
때늦은 아쉬움과
눈꽃 하얗게 찾아들
때 이른 설렘의 공존 속에
11월은
엇갈려 마주 잡은 차가운 손이다

그 흰 손 다정히 흔들며
눈 맞추고 돌아설 즈음이면
바짝 다가선 한 해의 끝자락

또 하나의 벼랑 끝에 멈춰 설 우리는
지는 해의 뒷모습에 가슴 아플지어다

꼬리

꼬리를 잘린 도마뱀에
새로운 꼬리가 생기듯
새로운 꼬리를 쉴 새 없이
달고 싶어 안달이다

카멜레온처럼 자유자재로
현란한 색을 갖고파
불완전한 탈피를 반복하며
공작새의 화려한 꽁무니를
닮고 싶은 조바심으로
나는 언제나 몸이 간지럽다

부끄러운 욕망의 노예로 살지라도
꼬리에 꼬리를 붙이려
찬란하고 눈부신 꼬리에 집착한다

허둥지둥 쫓기는 도마뱀이 되어
미로 속을 헤매 도는 눈먼 나는

새 꼬리만을 위한 기대만으로
또 하루 퇴화하고 있다

옥수수 까던 그 밤

누런 옥수수 늦가을 햇살에
바싹 마르길 고대하며
시골집 둘레엔 옥수수꽃으로
노르라니 소복하다

처마 밑 빨랫줄에도
양지바른 앞마당 나무에도
비스듬히 비켜 누운 사다리 층층마다
어디든 눈 돌리면 옥수수 천지
노란 꽃밭이다

그 노란 꽃이 바스락 말라지고
그 집 안방을 차지하는 날
산처럼 쌓인 옥수수 더미 앞으로
온 가족이 둥글게 둘러앉으면

옥수수 까는 소리
사그락사그락 바쁘고

또르르 떨려난 노란 알갱이
봉긋한 꽃 무덤으로 다시 피고

노랗게 노랗게 옥수수 까던 그 밤
깊어지는 그 밤 내내
두런두런 얘기꽃으로
까만 어둠마저 노랗게 물들었다

태기산 연가 1

이 얄궂은 짝사랑에
눈으로 좇는 늠름한 그대는
무언의 화답만 건네 오고

온전히 빠져 버린 설레는 가슴은
봄바람 따라 산을 올라
초록 싱그러운 그늘에 몸을 맡겨
현란한 단풍에 취해 놀다
그대의 텅 빈 가슴에 안기길 그 얼마

두 눈 가득
오직 너만 보이는
나만의 은밀한 짝사랑은
부끄러움도 모른 채
오늘도 너를 찾는다

태기산 연가 2

그는 언제나
멀리서 날 바라만 보았다
그는 늘 말이 없다
그런 그를 사람들은 좋아한다
그는 늘 한결같은 마음을 지녔다
그는 또 모두를 품고도 남을 넉넉한 품을 가졌다
그런 그를 찾는 사람들은 그에게서
한없는 위로를 받기도 한다
그의 주위에는 늘 사람들이 함께했다
나는 그런 그를 짝사랑하면서도 다가가질 못했다
그런 그가 어젯밤엔
첫눈을 한가득 머리에 이고
그 밤내 소리 없이 내게로 왔다
떨리는 가슴으로 살며시 그와 눈 맞춤 하는 아침!

드디어 그도 내게 고백을 하려나 보다

개나리꽃 지다

반짝이며 대롱이던 별들이
맥없이 빗물에 떨어진다

가지마다 촘촘히 꿰어졌던 별들이
툭- 툭- 끊어져

지나온 날들이 빗물에 쓸리고
못다 한 얘기들이 빗물에 잠기며
차가운 바닥을 나뒹군다
길 잃은 별들이 빛을 잃고
발끝에 글썽인다

또 하나의
이별을 눈물로 배웅하는 오늘!
소복한 노란 별 무덤이
길 위에 애잔하니 섧다

국수를 삶다

비빔국수를 해 먹을 국수를 삶는다
물이 끓어오르고 국수를 넣는다
넘칠 듯 넘칠 듯 위태로운 국수 냄비를
지켜보다 잠시 한눈을 판 사이
속절없이 끓어 넘친 국수는 엉망이 되었다
수선스레 뒤치다꺼리 떨어 보지만
이미 엎어진 일이 되어 버렸다

차고 흘러넘치는 것들은
잠시 방심하면 언제나 이런 식이다
적당히 눌러 주고 받쳐 주며
감시를 게을리하지 말아야 하는 것이
종종 평정심 잃은 내 마음과 닮아 있어
적당한 불 조절과 찬물을 부어 주며
한시도 잊지 말아야 하는 것을…
잠시도 한눈팔면 안 되는 것을…

산이 목욕하다

몽글몽글 연둣빛 거품들이
산을 덮는다
긴 겨울잠 깬 나무들이
겨우내 묵은때를 벗는가

골짜기마다 구석구석
찬바람에 부르튼 몸뚱이
뜨끈한 봄 햇살에 속을 열어
푸릇하게 목욕물 풀어
움츠러 얼었던 몸 녹여 낸다

간간이 띄워진 입욕제 산꽃들은
온 산 가득
그윽한 천연 향내 꽃피우고
부풀어 오르는 총천연색 거품 속
나른한 목욕을 즐겨

빛바랜 남루한 옷 벗는 봄날

현란한 그의 몸놀림이
마냥 신비롭다

신장개업

거리에 시끌벅적한 유행가를
질펀하게 깔아 놓고
각설이 분장을 한 남녀가
드높은 북장단 가락으로
지나는 사람들을 불러 모은다

덕지덕지 찍어 바른 짙은 화장으로
삶의 고단함은 애써 감추고
목이 터져라 부르는 유행가는
한세상 잘 살아 보겠다
호언장담이라도 하는가 싶다

새 물건, 새 마음, 새 사람
부푼 희망으로 넘쳐나는 곳
가진 것 하나 없는 각설이들이
새로운 희망을 꿈꾸고 노래하며
동네가 떠나가라 신장개업을 알린다
새 출발을 천지사방에 소리 높여 고한다

큼직한 돼지머리가 만 원권 배춧잎을
한가득 입에 물고 헤벌쭉 눈웃음 짓는다
신나는 각설이 놀음 장단에 발맞추며
내 인생의 신장개업도 꿈꾸는 기분 좋은 날

가을의 맛

여름내 물 마른
투명한 가을 햇살은
진하게 우려낸 맑은
찻물 같다

코스모스의 살랑이는 몸짓과
엷게 물든 단풍의 고운 빛깔은
상큼한 사과 같다

소슬바람 결 아름다운 추억과
차오르는 그리움으로
서늘해지는 가슴은
달콤쌉싸름한 초콜릿 같다

각양각색의 맛으로 어우러진
오묘한 가을은
알싸한 맛
달콤한 맛

입안 가득 퍼지는
그 화한 맛의
박하사탕 같다

금이 갔다

견고하게 하나이던 것이
갈라선다

밀고 당기며 적당히
어울려 살리라 여겼건만
선을 넘어 둘이 된다
경계는 선명한 상처를 만든다

금이 간 거울 속
반쪽뿐인 눈으로 세상을 보고
반쪽뿐인 입으로 말을 내뱉고
온전치 못한 것들이
내가 잘났니
네가 잘났니

금 간 것들이 자꾸
세상에 금을 내고 있다

제2부

⋮

허수아비 사랑

허수아비 사랑 1

지금 스며드는 저 어둠이 내겐
따뜻한 휴식을 가져다주진 못해요

두 귀를 어지럽히던 새 떼들의 속삭임에
싹튼 파문의 씨앗들을 곱씹는 저녁
홀로 남겨진 쓸쓸함의 깊이를
떠난 당신은 가늠키나 하나요

멈춰 버린 차가운 심장을 달고도
어쩌지 못한 끈적끈적한 이 그리움
거미줄로 마디마디 엮어 허리춤에 매달고

눈부신 새벽 아침이슬 맞으며
저벅저벅 저 들판을 걸어올
당신의 모습만 목 빼고 기다리는 마음

아픈 상처로 누덕누덕 해어진
가슴을 이렇게 기워 입고도

아직도 잊지 못한 당신을
두 팔로 포근히 안아 주리라

변함없이 늘 그 자리 그곳
한눈에 들어 알아볼 수 있도록
앉지도 못해 줄곧 선 채로 서성이며

간절히 그대 오기만을 바라는
지독한 사랑에 마비된 어둠 속 나를
아예 잊어버린 건 아니겠죠!

허수아비 사랑 2

징글징글하던 사랑으로
들끓던 심장은
차갑게 식어
멈춰 버린 지 오래됐당께

누덕누덕 해어진 가슴을
이리 깁고 저리 기워
간신히 죽다 살았당께

다시는 뒤돌아볼
엄두조차 나지 않으니께
황홀한 사랑 따윈 꿈도 꾸지 않는 거

그러니까 당신!
사랑을 핑계로 가까이 오지 마쇼잉-
거짓부렁 아니랑께 참말이랑께

훠이 훠이 손사래 친다

봄바람이 떼를 쓰다

늘어진 수양버들 치맛자락을
봄바람이 붙잡고
아이처럼 칭얼거린다

새싹이 움트는 자리마다
간지럼 태우며
같이 놀자 응석이다

봄볕이 몸을 푼 강가에
나들이 가자스라
긴 팔을 잡아끌며
봄바람은 떼를 쓰고

못 이기는 척
물오른 가지 살랑이는
수양버들 강가에 와 섰다

엄마와 감자

딸아이가 유치원 농장에서
캐어 온 감자 네 개
아이 주먹만 한 감자가 채 여물지 않은
내 유년의 작은 기억을 부른다

젊은 엄마가 이제 막 여문 감자를 캐고 있다
여섯이나 되는 어린 새끼들이
주르르 검은 흙 속에서 딸려 나온다
땟물과 배고픔으로 얼룩진 감자들의
불쌍한 얼굴을 일일이 어르고 씻긴다
서둘러 가마솥에 밥을 안치며
흰쌀보다 많은 누런 감자를 섞는다
가난으로 응어리진 감자가 쿡쿡 박힌다

팍팍하게 분이 나는 감자는
녹녹하지 못한 살림을 비웃는다
폭실폭실 일어나는 하얀 분처럼
가난함 살림도 일었으면 싶은 마음이

눅눅한 아궁이에 불을 지핀다

매캐하게 삐져나오는 아궁이 속 연기가
감자밥조차 배불리 먹이지 못하는 어미의
쓰린 눈물을 감싸 주는 낡은 부엌의 풍경 하나
딸아이가 가져온 작은 감자 속에서 튀어나왔다

장마 전선

호우를 동반한 장마 전선이
북상을 서두르고 있다
이미 남부 지방에 내린 호우는
곳곳에 널린 가난의 흔적들마저
뿌리째 흔들어 뽑아 없앴다
어디가 강인지 어디가 들인지
구분조차 할 수 없는 흙탕물은
퉁퉁 불대로 불은 시커먼 얼굴들이다
시간당 50mm가 넘는 강수량이
바닥난 살림을 박박 긁어 내고 있다
밥이나마 굶지 않는 것도 사치라고
패지 못한 벼들을 볼모로 물 감옥에 잡고 있다
비로 유실된 철로에는 꿈의 도시 서울로
내달리던 기차가 멈춰 섰다
비바람에 끊어진 전화선엔 연락이 두절됐던
풍요가 기절한 채로 위태롭게 매달려 있다
교차로에 갇힌 자동차들은
어디로 가야 할지 물속에서 꼬르륵대고 있다

벼락과 돌풍을 동반한 사채업자는 갑자기 들이닥쳐
허락도 없이 몇 푼 되지 않는 세간들을 챙겨 간다
울타리가 되어 줄 따스한 햇살은 너무 멀리 있다
늘어진 긴 장마 전선을 서둘러 걷어야 할 텐데
태산 같은 걱정들이 집중 호우로 쏟아진다

슬픈 노래

팔순 하고도 다섯 해 살았구먼
어여 빨리 산으로 가야지 하는
노래를 부른지 십 년 세월
제멋대로 풀려 버린 팔과 다리를 이끌고
돌고 돌던 아들 집은 어느 한 곳
마음을 붙잡아 막아서질 못하고
못난 며느리는 허기진 그녀의 가슴을
외면한 채 꾸역꾸역 밥만 준다
어김없이 찾아오는 끼니때에
숟가락 움켜쥔 손이 천근만근
목을 넘는 밥 한술이
삶을 끈질기게 붙잡고 있다

더 이상 정붙일 곳도
손잡아 주는 이 없는 외로운 세상
힘겹게 혼잣말로 하는 그 노래는
구슬피 허공을 맴돌아 떠돌고
번잡한 세상이 빠져 잠이 든 두 귀엔

잠겨 버린 대화의 정적만 가득하여 서러울 제
끊어질 듯 가녀린 숨소리는
긴 하루를 또 하루 넘기어
애타는 그 마음 달래 보려
슬프디슬픈 노래 다시 불러 보지만
오늘도 쉬이 산을 오르지 못한
병든 몸만 자꾸 땅속으로 꺼져 든다

오일장과 아버지

1.
오일마다 돌아오는 시골 장날에
아버지는 출근 도장 찍으러 간다

딱히 사야 할 물건이 있는 것도
누가 다시 오라 불러 준 일도 없는데
반짝 빛나는 구두에
어느 딸인가 사다 준 점퍼를 자랑스레 걸치고
먼 데 길을 버스도 타지 않고 시적시적 걸어
넉넉히 가진 건 시간뿐이라는 듯
그 먼 길을 쉬엄쉬엄 오래도록 걸어서 간다

딸들이 당부하던 잔소리는 잊은 건지
엄마의 걱정하는 목소리는 개의치 않아
시골길의 운치란 사라져 버린 아스팔트 길을
위협해 대는 자동차들과 팽팽히 대치해 가며
보란 듯이 걸음을 옮겨 간다

차로 십 분이면 갈 길을
오래도록 걸어서 고집불통 울 아버지
노인네 아픈 다리 이끌고 시골 오일장에 간다

2.
시골 오일장에 간 울 아버지
오란 데는 없어도 딱히 살 것은 없어도
이리 기웃 저리 기웃하며
그 좁은 시장통을 한참 동안 옮겨 다닌다

그 옛날의 활기를 잃어버린 시골 장터엔
썰렁하니 오가는 사람 별로 없어도
개의치 않으며 혼자서 잘도 다닌다

그러다
귀하디귀한 동갑네 친구라도 만나는 날엔
기쁨과 반가움으로 손잡고
젊어선 그리도 멀리하던 술집 하나 찾아 들어
주거니 받거니 술잔을 기울이고
지난 얘기들 맛나게 안주 삼아
거하게 취하도록 퍼질러 앉아

노랫가락 한 자락 멋지게 풀어 낸다

3.
오란 곳 없어도 갈 곳 없어도
시골 오일장 신나게 즐기고
어둑어둑해진 그 먼 시골길을
다시 걸어 돌아오는 고집불통 울 아버지

엄마의 애간장 타는 가슴은 잊은 채
위험천만한 그 곡예 길을
출렁이는 걸음으로 잘도 걸어
차로 십 분이면 올 길을 어렵사리 집에 오고

긴 하루 내
까맣게 속 탄 엄마의 잔소리 자장가 삼아
곤한 휴식에 쉬이 빠져든 그 사내
꿈속 오일장엔 젊은 날의 그가
허허허 웃고 있을란가

꽃시계

딸아이의 유치원 배웅 나온 길
아파트 화단에 토끼풀 한 무더기
하얀 꽃이 별처럼 예쁘다

어린 시절 추억이 떠올라
급하게 꽃시계를 만들어
여린 손목에 채워 준다

유치원 버스에 오르는 아이 얼굴에
꽃 같은 웃음이 번지고
반가운 친구들과 꽃같이 인사하고
꽃같이 어여쁜 손 흔들며
멀어지는 귀여운 작은 꽃

꽃같이 환한 하루 보내고
꽃시계의 시간 맞춰 돌아오길
엄마는 또 하나의 꽃이 되어
꽃 같은 아이를 기다린다

다랑이 논

그 혼한 경운기도 들어가지 못하는 논에
언제 봐도 듬직한 누렁이를 앞세우고
농요 한 자락에 힘줄 돋우던
싱싱하고 푸르던 시절을 떠올린다

반듯하게 정리된 네모난 논들을 굽어 보며
논물에 불어 가는 발가락도 잊은 채
한나절씩 씨름하던 생생한 어제를
이젠 꿈에서나 그리며 추억한다

땀 흘리며 부지런히 살아도
허물어지는 가난한 살림 같은
논두렁을 잇고 또 이어 부치며
깎고 돌아서면 자라나는 논둑의 풀들처럼
하루가 다르게 크는 아이들을 보듬으며
수없이 되풀이되던 노동의 시간마저
숨 막힐 듯 그립게 다가선다

자식새끼 잘 키워 내보내고
힘닿는 날까지 농사지으마던
아버지는 팔순을 코앞에 두고
맥없이 일손을 놓았다

속절없는 세월에 야속하다 말도 못 하고
이젠 남의 손에 내맡겨진 정든 땅
백발의 촌로가 되어서야 뒷짐 지고
둘러보는 다랑이 논의 조용한 풍경
굽이굽이 이어진 논두렁의 굵은 굴곡이
고단했지만 행복했던
젊은 날 아버지의 뒷모습을 아름답게 닮았다

누룽지

가스레인지의 시퍼런 불꽃 따라
압력밥솥에 매달린 추는
위태로운 몸짓으로
쉴 새 없이 달랑대고

금방이라도 터질 듯 가득 찬
가슴속 얘기들을
위태로이 접어 둔 채
시간을 끈다

그러다 한순간
숨죽였던 번민들이 허공을 가르는
수증기 되어 쏜살같이 빠져나가면

뜨거운 삶의 시간들이
눌어붙은 가슴엔
누런 누룽지가 안겼다

적당하게 달구어진 고단한 삶이
구수함으로 남았다

바람의 노래

웅웅거리는 바람이 밖에 있다
한나절 소리 높여 제 아픔을 노래한다

아파트 숲에 갇혀 빙빙 돌며
자릴 뜨질 못하고 엉엉댄다
가야 하는데 가질 못해서
제자리만 맴도니 어쩜 좋냐고

혼자 부르던 바람의 노래는
슬픈 돌림노래로 번진다
이쪽에서 한 번
저쪽에서 한 번
우우우---우--우
우우우---우--우

온종일 숲속에서 헤매며
아픈 노래를 잇는다
네가 한 번

내가 한 번

우우우----우--우

우우우----우—우

설거지

아침부터 미뤄 둔 게으른 일상이
개수대에 그득하다

말라붙은 밥풀 같은
감정의 찌꺼기를 부비며
가슴 밑바닥의 얼룩진 상처까지
뽀드득 소리 나게 닦고 또 닦는다

몽글몽글 솟아오르는 거품처럼
복잡한 마음들이 내 안에서
스러져 가고 다시 부풀어 오르고

무심결에 잃어 가던 추억마저
달그락거리며 되살아나
무뎌 가던 나의 감정을 일깨운다

이러다 하수구에 막혀 있던 그리움이
울컥 역류라도 한다면 어쩌나

부지런히 놀리는 손끝에서
어지러운 이 마음 말갛게 헹구어지길

아버지

어둠이 비켜서지도 않은 새벽녘
발아래 감기는 이슬을 쓸어내리며
아버지는 들에 가셨습니다

굽어진 허리 한 번 펴지 못한 채
논두렁 밭두렁 넘나드시고
빨갛게 달구어진 한낮 더위를
등 뒤로 받아 내시며
땀에 찌든 옷자락 다시 젖도록
아버지는 그렇게 들이 됩니다

온종일 침묵으로 지켜보던
해마저 되돌아가고
저녁 어스름에
다가서는 별을 보며
흔들리는 걸음으로
단내 풍기며
오시는 내 아버지!

오늘 난

당신의 굳은살 박인

고단한 그 손에

커다란 쉼표 하나

건네주고 싶습니다

텅 빈 외양간

봄이면 구성진 아버지의 노랫가락에
어그적 덜그럭 우직하게 논밭 갈던
누런 소가 떠났습니다

휑하니 비어 버린 외양간엔
뚫어진 구멍 사이로 찬바람만 드나들 뿐
긴 꼬린 내두르며
허연 김 내뿜던 아버지의 황소가
껌뻑이던 눈빛만 어른거리고

아침저녁으로 뜨거운 김 내뿜으며
끓어오르던 가마솥엔
콩깍지 듬뿍 넣은 소죽은 간데없고
텅 빈 가슴만 펄펄 끓어 넘칠 뿐
음-메 하니 밥상을 재촉하던 황소의
누런 울음만 아련합니다

시도 때도 없이 철썩철썩 싸 대던

구수하던 그것마저 그리운 지금!

평생을 함께 지내 그리도 정겨운 벗을
맥없이 당신 손으로 떠나보내고
누렁이의 서글픈 울음소리로
아버지의 두 귀는
한동안 먹먹하셨을 겝니다
그 가슴마저 먹먹해져 오래도록
쓸쓸하고 허전했을 겁니다

하수구

사람들 눈을 피해 조금씩 버리기 시작했다
처음엔 주머니에 꽁꽁 숨겨 놨던 못난 자존심을
눈에 띄지 않을 만큼만 버려 봤다
기분이 꽤나 괜찮았다
아무도 눈치채지 못하는 것 같았다
그다음부터는 몰래 버리는 일이 조금 쉬웠다
(무엇이든 처음이 어렵지 두 번 세 번은 쉬워지기 마련이니까)
자기만 잘났다고 뻐기며 웃던 얼굴이 자꾸 떠올라
난 또 몰래 시기하는 마음을 조금 버렸다
길에서 마주친 기분 나쁜 아저씨의 눈동자를 담아 와서 버렸다
슈퍼에서 계산대 앞을 빠르게 차지하려는 나이 많은 아줌마에게조차 양보하기 싫어하는 치졸함을 또 버렸다
말 안 듣고 꾀만 부리는 아들 녀석이 잠깐 미워서 엄마로서
좀 더 따뜻하게 대해 주지 못한 바보스러움을 버렸다

자기만 힘들다며 내 마음 따윈 따뜻하게 이해해 주지 못하는
바쁜 남편이 야속해서 속상해하던 마음도 콱 버렸다
지난밤에는 이웃집 소음에 짜증 난다고 툴툴거리던
속 좁은 내 아량을 부끄러워하며 소리 나지 않게 버렸다
늘 받기만 하면서도 따뜻하게 안부 전화 한번 못 드리는
시골 부모님께 무관심한 내 뻔뻔함도 쑤셔 넣었다
그 밖의 많은 것을 난 너무 자주 몰래 몰래 버렸다

말하기 부끄러운 아주 시시콜콜한 작은 것에서
말도 할 수 없을 정도로 지독하기 짝이 없는 것도
점점 아무렇지 않게 버리기 시작했다
날마다 버렸다
그러다 좀 더 자주 하루에도 몇 번씩 버렸다
시도 때도 없이 많은 것들을 죄의식 없이 쏟아 버렸다
온갖 것들이 마구잡이로 내게서 버려졌다
이젠 버리지 말아야 할 것들마저 가져다 버리기도 했다

그런데 문제는 어느 날 갑자기 시작됐다
내가 몰래 버린 것들이 심하게 역류해 왔다
코를 찌르는 독한 냄새가 역겨웠다
사람들 눈을 피해 몰래 버린 것들이 썩기 시작했나 보다
더는 갈 곳이 없어진 그것들이 구멍을 막고 기어올랐다
꾸물꾸물 더러운 악취가 진동하며 스멀댔다
제때 처리하지 못하고 버리기만 한 것들이 반격을 했다
하수구가 넘치고 있다
앙큼하기 짝이 없는 나는 다시 돌아온 그 모든 것을
이번엔 쓰레기봉투에 구겨 넣어
또 몰래 더 멀리 갖다 버려야겠다고 생각한다

묵나물

엄마가 싸 준 묵나물 봉지
한 줌 쥔 손끝에서 바스락 부서지는 나물
바싹 마른 엄마의 늙은 육신 같은 나물
급한 저녁 준비에 묵나물을 삶는다
끓는 물 속에서 부풀어 오른다
잃어버린 뜨거운 젊은 날이
다시 생생하게 살아 오른다
살이 오르고 주름이 펴지고
탱탱해진 피부엔 윤기가 돌고
해묵은 가난의 세월이 붙잡고 있던
가녀린 엄마를 놓아주는 저녁 무렵
쌉싸름한 산나물의 향기가
내 온몸 가득 전해져 온다

들국화

늦여름 풀 죽은 햇살 아래
졸고 있던 들국화
비밀스레 속삭이는
입 가벼운 바람의 귀엣말로
산 너머에 당도한
반가운 가을 소식 듣는다

구름 한 점 없는
파란 하늘로 끝 간데없이 뻗던
하얀 그리움 살짝이 접어
발밑 돌 틈 사이 눌러 두고
언제 그랬냐는 듯 가볍게 살랑이며
입가엔 엷은 미소 지으니

오매불망 기다린 속마음
노란 꽃송이 뒤 감쪽같이 숨겨 놓은
저 들국화의 깜찍함이라니!

제3부

．
．
．

지게 그림자

꽃비

벚꽃의 향연이 갈무리 지며
연초록 잎새 드는 자리마다
꽃자리의 흔적을 뒤로
비 되어 내리는 꽃잎들

바람결 타고 흐르는 여린 꽃잎
송이송이 밟으며
오롯이 그 빗속을 걷는다

또다시 찾아온 이별이 못내 아쉬워
내리는 꽃비에 흠뻑 젖고파
온몸으로 맞아 봐도
부질없는 몸짓이런가

지나는 야속한 바람에
지금 막 떠나려는 그댈 붙잡아
두 손 고이 받아 들지만
언제 다시 온다는 약속도 없이

무심히 날리우고

꽃비가 내리는 그 길엔
꽃웅덩이만 고여 가고
소리 없이 또 한 번 봄이 지고 있다

칼에 베이다

무뎌진 칼날은 답답하기 짝이 없다
파 한 대궁 써는 일조차 시원찮아 애를 먹인다
칼을 간다
금세 날카롭게 세워진 칼날은 위협적이다
아니나 다를까 손가락을 베인다
선홍빛 핏물이 손가락을 타고 흘러
흐르는 물에 씻어 보고 꾹 눌러 멈춰 보려 해도
결국 흐를 만큼 흐르고야 멈추는 것을…

내 마음도 그렇다
무심한 마음은 상처를 만들지 않는다
그저 느낌 없이 바라보는 일은 차라리 편안하다
날이 선다는 건 결국 내게 상처를 만드는 것인가 보다
곤추선 마음은 누구에게든 날카로운 칼날을 들이대기 마련이고
그 아픔은 고스란히 내게로 돌아서 깊은 상처를 만든다

상처는 아플 만큼 아파해야 아물기 마련이고
모든 날 선 것들은 내게로 향해 있음을 칼에 베이고
야 깨닫는다

산 노을

빛나던 태양이
이제 막 산을 넘었나
붉은 잔상을 남긴다

지친 하루의 뒷모습이
선명한 낙인을 남기고
그렇게 또 잊히려 할 때

하늘과 맞닿은 곳
수많은 시간의 화석이
굵은 등뼈를 드러내
붉은 고요 속 길게 누웠다

사선을 넘던 수많은 태양이
붉게 타다 남긴 재
저리 크고 높게 산이 되어 쌓였는가

어둠에 묻힌 노을 밑

산은 또 한 번
거대한 몸을 돋운다

낙엽 비를 맞으며

쨍하니 파아란 하늘
말간 햇살이 춤추며 일렁이는 날

기다림이 목까지 차올랐던 겨울
설렘으로 부풀어 가슴 떨리던 봄
푸른 꿈으로 한껏 뻗어 나던 여름
그 긴 시간이 곱게
물들어 단풍으로 남은 날

살며시 손목을 흔드는 갈바람에
발개진 나무는 파르르 몸을 떤다

우수수 수수
푸른 허공 속 낙엽 비 나린다
방울방울 그 긴 시간들이
꿈꾸듯 어지러이 날리운다

안타까운 이별의 정표를

주머니 가득 받아 넣는다
함께 나누던 아름다운 밀어도
그 작은 잎새 되새기며 받아 적는다

가을 언저리

가까워졌던 태양과의 거리를
밀어내느라 온 힘을 다했나
한 뼘쯤 높아진 하늘빛이 파리하다

오소소 부는 바람결
파르르 몸을 떠는 잎새마다
설익은 가을빛이 드리운다

풀벌레의 울음 타고 차오른
서늘한 달빛에서
살랑거리는 코스모스의
애교 섞인 눈빛에서
괜스레 가슴 한편의 그리움이
울컥 치밀어 올라
잊힌 얼굴을 기억해야만
할 것 같은 햇살 투명한 날

지금 막 가을이
내 어깨에 손을 얹고 있다

비가 지다

후두두 비 지는 소리로 가득한 날

깊이를 더하는 초록 잎새
쓰다듬는 부드러운 손길로 방울지고

물웅덩이 위로 동그라미 그리며
수없는 흔적 만들며 물결지고

색색이 펼쳐진 우산 위를 구르다
맥없이 흘러내려 눈물지고

달리는 차창에 수없이 부딪히다
아프게 흩어지며 아롱지고

갈피를 잡지 못해 흔들리는
이내 마음에 한 방울 눈물로 흘러지고

어느 한곳 온전히 스며들지 못해

제 몸을 아낌없이 던지며
떨어지는 꽃잎처럼 비가 지고 있다

하루를 비우다

빙글빙글 제자리만 맴도는
복잡한 맘을 어쩌지 못해 헤매던 그녀
저녁이 다 된 시간에 청소기를 돌린다

소리 없이 내려앉은
조각난 마음들로 어지럽던
집안이 조금씩 말끔해진다

자꾸만 쌓이는 마음속의 먼지들을
깨끗이 비워 내고픈 간절함으로
구석구석 정성스레 청소기를 돌린다

긴 꼬리를 남기던 저녁 해도
맥없이 청소기 속으로 빨려들고
먼지 받이에는 부서진 하루가
한 움큼의 먼지로 소복이 엉켜 있다

그녀는 쓰레기통에 먼지 받이를 비운다

딱 한 번만이라도 무거운 마음을
그렇게라도 비워 낼 수 있다면 좋겠다고
그녀! 가볍게 미소 짓는다

시루떡

커다란 시루에
팥고물 벌겋게 뒤집어쓰고
켜켜이 쌓아 올려진 넌
내게로 쌓이던
두터운 엄마의 사랑이다

벌건 아궁이 속 장작불에
제 몸을 맡기고
뜨거운 김 모락모락 내뿜는 넌
내게로만 피어오르던 끝없는 사랑
딱 그 모양이다

해마다 음력 시월 생일이면
시루 한가득 떡을 안치던 손길에
새끼의 안녕을 기원하던
간절한 마음이
철부지 그 아이를
무럭무럭 잘도 크게 했나 보다

붉은 팥 알알이 박힌
그 뜨거운 사랑이 무서워
그 어떤 시련도 비켜 갔나 보다
별 탈 없이 그렇게 행복했나 보다

봉숭아

장독대 옆 살짝 기대어
여름내
가장 뜨거운 햇살만
가득 모아
붉은 꽃 송송이 피웠다

내 한 몸 짓이겨져도
새끼손톱 끝
붉은 자국으로 남아
간절한 첫사랑의
그 뜨거운 설렘으로
온통 물들이기 위해

온 여름내
따가운 햇살
기꺼이 받아 낼 터

그러다 차고 넘치면

작은 떨림 하나에도
톡 하고 터져 버릴
씨방 속 꽃씨 닮은 사랑

꼭 한 번은
하고파서
빨간 봉숭아 꽃물
이 가슴에 들이고 있다

지게 그림자

아버지 등짝에 업혀
한시도 떨어질 줄 모르던
부럽기만 한 지게가 있었다
그 넓은 등에 한 번도
업혀 본 적 없는 어린 계집애는
자기보다 지게가 더 좋은가 보다 싶었다

그러다 그 위에 얹힌 삶의 무게를
짐작하게 되었을 땐
안타까운 마음으로 꽁무니만
졸졸 따라다니던 날들이 있었다

봄이면 시커먼 거름더미 한가득 짊어지고
여름이면 푸른 소 꼴을 아침저녁 져 나르고
가을이면 누런 볏단을 수도 없이 쌓아 지고
겨울이면 바싹 마른 나무 그득그득하게 나르던
그 젊은 지게는 한 번도 휴식을 몰랐다

늘 가느다란 지게 작대기에
온몸을 의지하며
힘겹고 고단한 삶을 버텨 냈다
그리 기운 세던 그가
헛간 뒤꼍에 자리하는 날이 많아질 때쯤

하얗게 늙어 버린 아버지도
초라해진 지게를 많이도 닮아 간다
삶의 무대에서 비켜선 두 그림자가
똑같이 쓸쓸하다

엄마의 손가락

엿가락 휘어지듯 굽은 손가락엔
닳아 없어진 연골처럼
엄마의 젊음이 사라졌을 테다

작고 가녀린 손가락에 매달렸던
여섯 새끼들의 아우성에

잠시도 손을 놓을 수 없었을 게다

마디마디 전해지는 아픔을
지그시 눌러 가며
조각난 가난을 밤새워
기워야만 했을 게다

그 긴 고난의 세월이 전해지듯
나도 느끼고서야 알았다
삶의 무게가 내리눌러
뼛속 깊이 저며 오는 그 고통을

감자 싹을 틔우다

앞이 보이지 않는 막막함에
희망만큼 간절한 빛은 없다

무관심 속에 잊힌 둥근 아픔들이
몸의 기억을 더듬어 피어올린
그 푸른 희망의 싹들!

아픔이 옹이진 자리마다
올곧게 싹을 틔운 대견함에

누군가에게 기대지 않고
온전히 이겨 낸 그 찬란한 생명에

말라 가는 볼품없는 몸뚱이 가득
울울한 희망만이 짙푸르길

자책

오가는 대화 속에
내가 버리고 온 말들로
자꾸 뒷덜미가 무겁다

건네는 말 한마디에
무게를 실었어야 했거늘
팔랑대며 떠다니고 있을
참으로 가벼운 말들이
눈앞에 어른거리고

누군가의 가슴에 내려앉아
아픈 옹이로 박힌 건 아닌지
때늦은 후회로 뒤돌아보니

집밖에 버리고 왔다고 생각했던
그 많은 부끄러운 말들이
줄지어 따라오고 있었다

아주 호된 무언의 훈계를 늘어놓으며
집요하게 따라오고 있다는 걸
나만 멍청하게 모르고 있었다

소심한 그녀

피곤한 몸으로 돌아온 당신의 집
늘어진 어깨 따위는 나 몰라라
저녁을 먹고
텔레비전을 보고
아이들을 챙기고
무심하게 잠든 그녀가 있었죠

하지만 너무도 무심했던 그녀
아침에 출근하던 당신의 뒷모습이
하루 내 어른거려
어떤 일도 할 수 없었다고 합디다
말이 없던 당신의 목소리가
온종일 가슴에 울려
속이 시끄러웠다고 합디다

그 때문에
다시 돌아온 당신 집엔

소심한 그녀가 배시시 웃으며
당신을 맞을 계획이라 합디다

안구 건조증

어느 대목에서 울어야 할지
감정의 센서 등은 고장 났다
웬만한 일 따위에 무뎌진 칼날은
아득한 기억 저편에 사장된 감정선조차
잘라 내지 못한 채 그득히 쌓아 둔 채다

어느 순간 바닥난 감수성을 끌어올려 보려
몇 날 며칠 양수기를 돌려 보지만
쩍쩍 갈라진 바닥에선
눈물 한 방울 퍼 올릴 수 없어
빈 양수기 소리만 요란해진 지 오래다

뜨거운 눈물 한 방울 짜내야지 해 봐도
달팽이 눈물만큼도 흐르지 않는 눈물샘
약한 모습 따윈 보이지 말아야지
습관처럼 눈물을 참다 보니
마음 숨기는 일로 기를 쓰고 살았다

태생이 여리고 여린 난
힘들어도 습관처럼 감정을 포장하는 일에
익숙해져 감정의 끈을 조여 매기만 했다
누군가에게 내 감정을
드러내서는 안 된다고 이를 악물고 참았다

자연스레 흐르게 놔두어야 할
물길을 막고 또 막아 가며
쉴 새 없이 감정을 바꿔치기하며 살았다
술래잡기하듯 꼭꼭 숨겨 버린 나약한 감정 따윈
언제든 찾을 수 있다고도 생각했다

메마른 두 눈 바닥에 모래가 구른다
이리저리 가득 찬 생채기는 두 눈 가득
붉디붉은 거미줄을 보란 듯이 걸쳐 놓았다

북어의 눈물

바짝 마른 몸에선
더 이상의 그리움이 남아 있지 않다
흐르는 시간에 묻혀
간간이 떠올리던 추억조차 모두 말랐다

퀭하니 버석거리는 두 눈에는
소금기 빠진 눈물만 고여
흐르지도 못해 썩어 가고
희미한 흔적마저 지워진 심장에선
파도 소리조차 멈춰 버린 지 이미 오래

멀기만 하다
돌아가기엔 너무 멀리 와 버린 몸
갈기갈기 찢기 우는 아픔으로나
절절하게 떠올릴 수 있는
아득한 과거가 되어 버렸다

제4부

⋮

뼁이요

해우소에서

답답한 세상사에 막히고
이해받지 못한다 싶으면
조용히 사각의 막힌 공간에
나를 가둔다

오직 하나만을 생각하여
혼자 끙끙대며 용을 쓰다
한순간
막혔던 길을 뚫는다

나를 전부 내려놓고
편안해지는 순간!

우리 생애 언제 어디서
이리 평안하게
가슴에 얹혔던 걸
내려놓을 수 있을까

어느 누구도 나일 수는 없고
모든 답은 내 안에서
내가 찾아야 함을 배우며 또 용을 쓴다

작전명 NO.1-개미, 모기, 파리 소탕 작전

1. 개미
달콤함으로 무장한 요새에
붉은 적들이 나타났다
시도 때도 없이 국지적으로
출몰하는 너희를 찾아
동그랗게 커진 눈동자는
한시도 쉴 줄 모르고
적들은 용케도 감시망을 뚫었다
먹이를 찾아 나선 겁 없는 행렬들
눈앞에 아른거려 신경을 자극한다
결단코 용서하지 않으리
이해하지도 않으리
어서 빨리 두 손 들고 투항하라
허락받지 못한 자 불청객일지니
꿀맛같이 달콤한 내 집의 행복을
더는 방해하지 말지어다

2. 모기

새벽녘 고요를 깨는
적의 노랫소리 귓가를 스치니
어딘가 잘도 숨은 놈을 찾아
잠결에 숨바꼭질 한판이다
구석을 빈틈없이 뒤져
적의 동정을 살핀다
잡히기만 해 봐라
따끔한 맛을 볼지니
네가 가져간 한 방울의 피
되찾고야 말 테다
남의 아픔 따윈 괘념치 않는
그 이기심 용납하지 않으리니
황천길 가기 전 잘못을 빈다면
정상 참작은 해 줄 터
사는 게 다 주고받는 거 아니겠나

3. 파리
아무리 빌어도 소용없다
불결한 그 몸으로
더러운 자국을 남긴 너
술래잡기라도 하잔 건가

아무리 날고 긴다 해도
쉬이 물러설 내가 아니지
어디든 따라가 잡고야 말 테다
두 손 두 발 싹싹싹 빈다 해도
때늦은 후회일 터
더는 두고 볼 수 없음이다
살길 터 줄 때 도망감이 옳음이다
이해심의 한계가 얼마 남지 않았느니
어서 빨리 썩 물렀거라
어찌 됐건 살고 보는 게 인생이 아니던가

짜깁기

사고의 깊이를 가늠할 수 없는
가벼운 말들의 범람에 어지럽다
자꾸 미어져 나오는 반복되는
말장난을 구구절절 잘도 한다
꼬물거리는 낱말들이 산더미처럼 불어나고
되지도 않는 말들을 엮고도 좋아한다
내 현란한 문장들의 넘치는 교태에도
꿈쩍도 하지 않는 눈동자를 보란 듯 원망하며
누구도 눈치채지 못할 온갖 미사여구를 섞는다
알 수 없는 언어들의 조합으로 무늬를 넣는다
해독 불가한 문자들로 화려하게 수를 놓는다
집 앞 세탁소 아저씨도 혀를 내두를 기막힌
솜씨임에 틀림이 없는 내 신들린 짜깁기!
부끄러운 줄 모르고 감쪽같다 자랑이다

어른 자격증

어린 날 나에게 달렸던 푸른 날개는
가지 덤불 속에서 형편없이 짓뭉개졌다
더 이상 물러설 곳도 없는 삶의 막다른 골목
힘에 겨워도 앞만 보며 살아온 날들
고사리손에 꼭 쥐었던 반짝이는 유리구슬 같던
맑고 투명한 꿈들을 하나둘 잃어버리고
삶의 부채만 구멍 난 주머니 속에 차용증처럼 남아

비포장도로 위를 달리는 버스마냥
덜컹거리다 멈춰서 돌아보면
뽀얀 먼지 뒤로 사라져 버린 지난날
문득 산다는 게 덜컥 겁나는 날엔
어디로든 도망치고 싶은 유혹에도 흔들리고
그냥 아이처럼 엉엉 발버둥 치며
철없이 울어 버리고픈 날들도 부지기수에
오락가락 삶의 좌표를 놓쳐 버린 어른아이!

덩치만 커 버린 나! 어른다워지기 위해

바라보는 내 아이의 해맑은 눈망울
그 두 눈에 반짝이는 별빛으로 남아야 한다
흔들리는 내 눈빛을 더는 들켜서는 아니 된다
내 무면허 인생에 빛나는 어른 자격증 한 장 쥐어야
하기에

순리(順理)

맑은 물 흐르는 계곡
팔베개하고 누웠다

가만
눈을 감고 물의 소리를 듣는다
절대로 뒤돌아보지 않아
거꾸로 흐르는 법도 몰라
오로지
주어진 길 따라 흐를 뿐이야

순리를 따른다는 것
물의 흐름이다

바닥까지 훤히 들여다뵈도록
다 보여 주고도
아무 흔들림 없이 산다는 것
거꾸로 거슬러 오를 줄 모르고
우직하게 아래로 아래로

흐를 줄만 아는 물의 순리

나 지금!
나직한 물의 소리를 온몸으로 듣는다

선물

청춘을 다 바친 시간의 보답도 없이
혼선을 빚어 버린 미래로
꼬깃꼬깃하게 구겨진 당신의 마음을
정성 들여 다리미질합니다

차마 힘들어도 힘들다 말도 못 하고
울고 싶어도 울지 못하는 당신을
따뜻이 감싸 주지 못하는
미안한 이 마음 꾹꾹 눌러

굽어진 당신의 어깨를 활짝
펴 주고 싶습니다
술 한 잔으로도 비워 내지 못하는
무거운 마음을 표 나지 않게
쫙 펴 주고 싶습니다

더 이상의 실망과 배신일랑 범접할 수 없도록
상처 따윈 말끔하게 지워 주고 싶은

간절한 이내 마음 빳빳하게 풀을 먹여
주름진 당신의 설운 마음에
푸르게 날이 선 희망을 선물하고 싶습니다

봄을 닦다

방금 닦고 돌아선 바닥에
다시 떨어진 햇살 한 움큼

걸레를 들고 햇볕을 닦는다
노랗게 햇살이 뭉개지고 있다

닦아도 닦아 내도
떨어지는 햇살을 힘껏 닦으며
내 안의 해묵은 상념도
함께 닦는다

떨쳐 내지 못해 끌어안은
무서운 고집들
켜켜이 쌓인 마음의 찌든 때
한풀 벗겨 내
새봄맞이 하는 날

떨어지는 햇살 한 번 닦고
내 마음 한 번 닦고

난꽃

1. 난꽃!
난 꽃이라고

소리 없이 끌어 올린 꽃대
바람 한 줄기 쓰다듬지 않아도

햇볕 한 줌 들여보지 않아도
난 꽃이라고

도도한 난꽃이
얼굴 빳빳이 내들었다

2. 난꽃!
난 꽃이라고

여러 날 자태를 뽐내던
보랏빛 꽃

바람 한 점 없는 허공
소리 없이 자신을 던졌다

툭---
눈 한번 질끈 감고
떠날 때마저 도도한 그 꽃

미안함에

서민들의 쏨쏨이는
날마다 키워져만 가고
가벼워진 장바구니엔
늘어난 한숨이 얹히어져 따라오고

당신의 힘겨운 어깨에
매달린 우리는
너무 해맑은 얼굴로
웃고 있는 건 아닌지

밀려드는 경제 한파에
당신을 앞세우고
등 뒤에 숨은 우리는
너무 편한 이기(利己)로 사는 건 아닌지

날마다 무거운 발걸음
미안한 마음에
문밖 멀리까지 따라나서 보지만

따뜻한 말 한마디 건네지 못하고…

돌아오는 저녁
피곤하고 지친 당신께
따뜻한 족욕 물
떠다 바치렵니다
고마운 맘 듬뿍 띄운 그 물을…

간장 종지

간장 종지 같은 이 마음
늘 차고 넘쳐흘러
문제를 일으키죠
무언가를 제대로 담을
수조차 없어요
거기다 가볍기까지 해
억지로 무엇이든 구겨 넣으면
가끔은 뒤집혀 버리기까지 하지요

엎어진 간장 종지 속은
컴컴한 암흑 그 자체입니다

누군가 바로잡아 주기 전까지
아무것도 주워 담지 못할 이 마음
조금 전까지도 가득 담겼던
욕심의 흔적이나 깨끗이
지워 보아야겠어요

거꾸로 얼마를 더 쏟아 내야
내장 속까지 들어찼던
이 불경한 마음을 모두
비워 낼 수 있을지
여유를 가지고 기다려 봐야겠어요

저벅저벅 다가올 구원의 손길을
납작 엎드려 간절히 고대하며…

뻥이요

도로변 뻥튀기 장수가
봄 햇살 한 줌을 기계 속에
밀어 넣고 있다

뻥튀기 기계가 돌고
계속 가해지는 뜨거운 열로
더는 참지 못한 봄 햇살이
속에서 안달 났다

드디어
뻥이요

뻥 튀겨진 햇살이 눈꽃처럼
사방으로 흩어져 날리우는 날

뻥튀기 아저씨의 어깨 위에도
따스한 봄 햇살이 연실
뻥뻥 터지고 있다

매실 꼭지를 따다가

매실즙을 담그려는
엄마와 매실 꼭지를 딴다
꼭지 떼고 남겨진 모습
내 배꼽과 닮은 꼴이다

남쪽의 산기슭
은은한 달빛 아래
하얀 꽃 자지러지던 웃음
나날이 영글던 꿈같은 날들
꼭지 떼고 남겨진 모습
탯줄 떨어진 자리와 닮은 꼴이다

낯익은 따스한 흔적들
유리병에 꼭꼭 주워 담는다

달맞이꽃

저녁 어스름에
산그늘 깊어지면
수줍은 달맞이꽃
달 맞을 채비한다

이제나저제나 달뜬 설레임
반가이 님 기다려
저녁 이슬에 정갈히 몸을 씻고
흐르는 바람결 귀밑머리 단아하게
노란 꽃잎 활짝이 열어

외롭고 푸른 밤
저 달을 쫓으리
저 달을 닮으리

쏟아지는 달빛 온몸으로 느끼다
달맞이꽃 그만

노란 달을 삼켰다
가슴에 둥근 달을 품었다

사랑니 사랑

사랑니가 나면 철이 든다던가
나이 마흔쯤에
삐죽이 올라오는 사랑니

적당한 존재감으로 고통을 안기고
빈자릴 용케도 찾아 들어
한 자리 차지한다

사랑은 그렇게 누군가의
가슴을 비집고 들어서는 일인가

온전한 자리매김을 위해
남의 아픔일랑 아랑곳없이
내 자릴 잡는 건가

사랑은 참 이기적

사랑니가 솟아도

철들 줄 모르는
철부지 사랑법이다

숫자로 된 세상

시내버스 네 바퀴에 굴러가는 숫자들은 용케도 균형을 잡고
얼마만큼 사랑하는지보다 무얼 해 줄 수 있는가로 가늠되는 애정 지수
무얼 생각하는지도 모르는 머릿속은 숫자로 헤아려지고
바라보기만 해도 예쁜 아이들은 시험 점수로 편을 가르고
가슴속의 이야기를 나누고 싶을 땐 숫자로 저장된 친구를 불러내야 하고
사람답게 살기 위해서보다는 얼마를 벌어야 하는지를 계산해야 하고
이웃과 얼마나 가깝게 지낼 것인가는 전자계산기를 두드려 봐야 하고
하루를 어떻게 살았는가 뒤돌아보기보다는 오늘이 며칠인지 따져 봐야 하고
바삐 산다는 핑계로 잊힌 부모님의 전화번호는 생각조차 할 시간이 없고

편하다는 이유로 집집마다엔 숫자로 잠긴 문이 날마다 보초를 선다
그 문만 열고 나가면 온통 숫자들의 세상이다

가을에

문을 열고 나서면
여름 뙤약볕에
잘 마른 가을이
투명한 눈을 반짝이며 서 있다

물 마른 햇살로 품어 낸
잎새들의 수줍은 손짓에
담장 위 쉬어 가던 잠자리
팔랑대며 따라나서고

마당 가 나른한 몸 누인
빨간 고추 위로
가을바람이 저 혼자 논다

쨍쨍하던 여름은
어디로 갔나!
가을이 한창이다

옥수수 까던 그 밤

ⓒ 권명은, 2025

초판 1쇄 발행 2025년 7월 24일

지은이	권명은
펴낸이	이기봉
편집	좋은땅 편집팀
펴낸곳	도서출판 좋은땅
주소	서울특별시 마포구 양화로12길 26 지월드빌딩 (서교동 395-7)
전화	02)374-8616~7
팩스	02)374-8614
이메일	gworldbook@naver.com
홈페이지	www.g-world.co.kr

ISBN 979-11-388-4517-5 (03810)

- 가격은 뒤표지에 있습니다.
- 이 책은 저작권법에 의하여 보호를 받는 저작물이므로 무단 전재와 복제를 금합니다.
- 파본은 구입하신 서점에서 교환해 드립니다.

이 책은 강원특별자치도 강원문화재단 후원으로 발간되었습니다.